우리는 우리를 그리워한다

시작시인선 0541 우리는 우리를 그리워한다

1판 1쇄 펴낸날 2025년 8월 8일
지은이 양수덕
펴낸이 이재무
기획위원 김춘식, 유성호, 이형권, 임지연, 차성환, 홍용희
편집 이호석, 박현승
편집디자인 김지웅, 장수경
펴낸곳 (주)천년의시작
등록번호 제301-2012-033호
등록일자 2006년 1월 10일
주소 (03132) 서울시 종로구 삼일대로32길 36 운현신화타워 502호
전화 02-723-8668
팩스 02-723-8630
블로그 blog.naver.com/poemsijak
이메일 poemsijak@hanmail.net

ⓒ양수덕, 2025, printed in Seoul, Korea

ISBN 978-89-6021-818-5 04810
       978-89-6021-069-1 04810(세트)

값 11,000원

*이 책 내용의 전부 또는 일부를 재사용하려면 반드시 저작권자와 (주)천년의시작 양측의 동의를 받아야 합니다.
*잘못된 책은 바꾸어 드립니다.
*지은이와 협의하에 인지는 생략합니다.

우리는 우리를 그리워한다

양수덕

천년의 시작

시인의 말

안 읽히는 책 같은 바닥이
여린 살 비벼댈 때
우리라는 촌수를 불러본다.

촌수를 매길 수 없이 끈끈한 자리에
코끝이 시큰하도록 따뜻한 별들이 쏟아진다.

찌꺼기 없는 그런 그리움
별빛 뒤편에 도사린 안타까움……

2025년 여름
양수덕

차 례

시인의 말

제1부

바닥 다지기 1 ——— 13
바닥 다지기 2 ——— 14
바닥 다지기 3 ——— 15
바닥 다지기 4 ——— 17
바닥 다지기 5 ——— 18
바닥 다지기 6 ——— 20
낯선 느낌 ——— 22
있으나 보이지 않는 1 ——— 24
있으나 보이지 않는 2 ——— 26
있으나 보이지 않는 3 ——— 28
꽃 화분의 입장 ——— 30
해부학처럼 ——— 32
아프지 않다 ——— 34

제2부

바닥 달래기 1 ——— 37
바닥 달래기 2 ——— 39
바닥 달래기 3 ——— 40
바닥 달래기 4 ——— 42
바닥 달래기 5 ——— 44
바닥 달래기 6 ——— 45
밤의 축복 ——— 47
나는 빈둥거리고 싶다 ——— 48
긴 비 1 ——— 50
긴 비 2 ——— 52
긴 비 3 ——— 54
달콤한 게으름 ——— 56
안 읽히는 책 1 ——— 58
안 읽히는 책 2 ——— 60
멍 때리기 ——— 61
겨울 레시피 ——— 63

제3부

정다운 방 ─── 67
몽크스 하우스 ─── 68
청년 시대 1 ─── 70
청년 시대 2 ─── 72
서랍 속의 제니 ─── 74
무명 시인 ─── 76
하우스 귤 ─── 78
멀리 레몬 나무가 자란다 ─── 80
순한 돌 ─── 82
전쟁놀이 ─── 84
그 바다의 일기장 ─── 85
혼자 밥을 먹다 ─── 86
그 숲 ─── 88
다리 아래 ─── 90
노인의 천국 ─── 92
반지하에 머물다 ─── 94
미니어처 마을 ─── 96
찬란한, ─── 97

제4부

벽 1 ──── 101

벽 2 ──── 103

벽 3 ──── 104

추운 새 ──── 106

즐거운 공동묘지 ──── 108

초록에 갇히다 ──── 109

빵 먹는 법 ──── 111

우물 가街의 눈 소식 ──── 113

음악 안에서 1 ──── 115

음악 안에서 2 ──── 117

음악 안에서 3 ──── 118

은사시나무 마을 역 ──── 119

겨우 흐림 ──── 120

아이스 아메리카노 ──── 122

해 설

차성환 '우리'라는 구원 ──── 124

제1부

바닥 다지기 1
-성城 밖

봄이 질리도록 열린 문인데
봄꽃은 어디서나 싹수가 보이는데

하필 성城을 끌어들이는가

거대한 덩어리 안에서 헐렁한 웃음 굴러 나온다

줍지 못하는 웃음기
둘로 찢어지는 풍경
종이보다 얇아서 내일도 찢기 좋다는 당신

지난 시간이 외줄을 탄다
눈가장자리에 달무리가 앉는다

어쩌다가 재채기한 밝은 꿈자리 다시 펼친다 해도
들어갈 수 없는 성城이라고 말하는,

봄 귀퉁이에서 작고 낮게 끄물끄물하게
구석진 봄을 꾸리는 들꽃

바닥 다지기 2
−빈손

더운 피 가신 손이 차갑게 뿌리친다

그 차가운 휘둘림에
겨우 사람의 모습이었다가 끝내는 빨강의 맥이 빠져버린
있어도 없다고 말하는 당신

가는 팔만 남은 나무가 빈손을 품어 준다
그가 누구인지 가장 낮게 온 별인지 젖다가

올려다보았다
성城이 된 사람들을

닫힌 성城들이 몰려다녔다
더 높아진 성城벽

손이 피어나
꽃보다 아름다운 떨림으로
높은 철책을 넘는 흐릿한 몽상 밖에서

바닥 다지기 3
-높다란 바닥

 눈 아래에는 먹구름 옷을 입은 사람들 그들이 배를 움켜잡고 허둥대든 숨이 넘어가든 일 없어요 등장인물인 것만으로도 유쾌해지네요

 아무도 건드리지 못해요 녹지 않아요 오직 나, 나와 비슷한 우리들만의 극지에서요

 머리를 조아리는군요 이제야 보았군요 당신이 바라볼 수 없는 거대 힘을요

 교과서에서 배운 자와 못 배운 자가 걸어 나와요
어깨동무를 하진 않아요

 학위는 위로 꼭대기로
금빛 의자를 내려줄 거예요
 지폐 쌓이는 소리가 눈 오는 소리보다 고요해서 미소가 절로 여무지지요

 꼭대기에서 부는 칼바람 목에 둘러 봐요
선뜻한 무늬 비단뱀 감아 봐요

당신은 이상하고 무서운 성城이 보인다고 말하지요
그렇게 입이 헐어가는 성城 밖

지식은 없지만 지혜가 있다는 당신
배우지 않아도 절로 익어버리는 자연주의자들의 혼령이
껄렁하게 날리네요

우리를 꼴불견 바닥이라고 침을 뱉고 있다니요

감히 숨긴 무기와 마주 섰군요
어쩌나 이제 무릎을 꿇을 시간이에요 인생이 연극이라
니 더 유쾌해져요

바닥 다지기 4
-양치기 소년

  아직 늑대가 나타나지 않아서 거짓말쟁이는 아주 재미나게 산다

  거짓말을 거짓이 아닌 것처럼 잘 해내는 거짓말쟁이에게 눈이 하늘로 건너간 자가 걸려 들었다
  기분이 두둑해지기에 웃음이 절로 익었다

  감쪽같이 속은 한 사람
  순함과 어리석음이 한 물이라는 걸 알지 못했기에
  두고두고 신열에 머물렀다

  분풀이로 죽을 때까지 자라지 않는 거짓말쟁이를 그렸다

  그렇게 탄생한 양치기 소년

  침방울을 질척하게 올린 혓바닥 몰이하며
  하늘로 눈을 던진 자의 씁쓸한 바닥을 누비고 다닐 때

  여리고 보드라운 살점을 뜯는
  제 안의 잘 키운 늑대가 양치기 소년의 곁에 바짝 붙었다

바닥 다지기 5
-날림 새해

음식점은 벼랑 위에, 우리는 서로를 초대한다

나무에 금빛 붕대가 나부꼈으나 치유의 숲은 열리지 않았다

지나간 정서가 호락호락 김을 낸다
손에 손 안 잡고
발에 발 안 맞추는
일 년을, 쓸어 담아 끓여내면
망각이라는 스프 한 그릇

넘어왔다
이 복고풍의 한 마디로 우리는 식탁을 차린다

일 년 동안 모은 기미들 맞대며
번지르르한 미소 노릇하게 부푼 표정으로
달콤한 크림의 눈치를 발라
순위에서 밀려난 하트의 기원까지
날름거려다오 나날이 군침 돌게 해다오

우리의 엄지손가락이 분위기에 끌린다
최고의 맛이다 살아 넘어왔으니 기적이다

입담 날리는 벼랑 위
또 묵은해가 절룩이며 온다

바닥 다지기 6
-졸음 긴 습작

살아 있음의 노래가 우렁찼다 직장을 얻었을 때였다

그는 이후 노래 밖에서 습작이 되어
먼지의 호흡으로 눌러앉았고
부러진 날개가 가슴이 되었다

잊히는 일이 외롭다는 헤픈 후렴을 탔다

최초의 노래가 처음이자 마지막 단 밥맛이라는 사실을 아는데 긴 시간이 걸렸다

서툰 잠 뒤집어쓰고 깨어나다가 다시 잠을 청했다

자신을 벽과 벽 사이 눌어붙은 이물질이라 생각했지만 살을 파고드는 어두움도 때가 되면 물러날 것이라며
 그 생존법에 기대
 이번 생은 습작이니 괜찮다고 다독였다

문득 졸음에서 깨어나면 껍데기로 사는 법을 자신에게 물었다 시원한 답이 건져지지 않아 졸음이 황홀하지 않았다

노란빛을 상추쌈처럼 싸 먹고 싶은 사람에게서 먼지 뒤집어쓴 책 냄새가 났다
 이미 완성된 책인 줄 알지 못한 채
 월급을 받을 때에만 들추어진 허리 잘린 노래와 함께

낯선 느낌

카모마일 레드 차를 이웃집 동생처럼 부르며 주문했다

맑은 노랑의 차 빛이 투명한 찻잔에서 믿을 수 있는 꿈을 깜짝거릴 동안 카모마일 꽃잎들의 땀구멍까지 드러난 들판을 쏘다녔다

그날의 꿈은 왜 믿을 수 있는 가시거리로 사무쳤는지
사방 넘쳐나는 착시로부터 달아나고 싶은 거겠지만

마침내 나타난 것은 거꾸로 매달아 놓은 추상화

빨간 자줏빛의 그물 안에서 허우적거리는 꽃잎들 고개 갸우뚱
투박한 머그잔의 숙소로 도무지 언제 이사 왔는지

혓바닥과 입안에 끈끈하게 달라붙는 차 색깔이며
시큼하고 텁텁한 늪에 눌린 꽃향기

놀란 꿈 건드리며 뒤집힌 속 간신히 바로잡는데

어느 날의 여론 조사 - 좋음 싫음 잘 모름 잘 모른대 왜 잘 모를까 무얼 모를까 뇌가 모를까 가슴이 모를까 과연? 이제야 그 잘 모름을 알겠네

카모마일 꽃잎들 입술 뭉개진 들판에 수상한 마녀의 이름을 올렸다

믿을 수 있는 꿈이 야릇한 화장을 하기 시작했다

있으나 보이지 않는 1
−이다음 다음

핸드폰 화면이 남극의 갈린데즈 빙산을 축복했다

빙산 속 바이러스들이 살아 있음의 환호성 지르기에 얼떨결에 속은 것이다

빙산에 숨어든 녹조류들은
죽은 척 오래 살고자 했으나
무너져버린 빙산을 껴안고
핏빛으로 살아 있음을 드러낸 것

더워진 지구
죽은 뒤에야 살아난 빙산의 핏빛 눈

빙산에서 수박 향이 나지는 않았다
조각 조각난 수박의 붉은 살점으로 보이지도 않았다

녹아내린 빙산을 수박 눈(雪)이라고 부르며
서글픈 마지막을 쓸어준 어여쁜 입에다
어두운 입을 순간 포갰을 뿐이다

다가올 무서운 계절이 따라다녔다

있으나 보이지 않는 2
-그에게 가는 길

그의 비밀 방은 열린 적이 없다

내게 드러난 그를 만져지는 외풍이라고 불렀다

바람이 다가와 사각거렸다
치켜뜬 눈썹을 스쳐
눈의 비틀린 시각을 주어
오므린 입이 물고 있는 그릇을 재며
간지러운 말에만 쫑긋해지는 귀의 의문부호를 튕기며
둥그런 울타리를 내친 것 같은 팔의 쓸쓸함을 새겨보니
비밀 방이 더 멀어졌다

두꺼운 바람 안의 그를 꺼낼 수 없어서
수정 알을 꺼내 본다
그가 보일 것 같아 가슴이 잠시 뛰었다 뛰게 놔두었다 그런 기특한 때도 있는 것이기에

시작은 모범생이지만
나를 잘 다독이지 못해서
기어이 들고 일어나는 삼인칭 병이 다그쳐서

그에게 붙여줄 일회용 반창고밖에는 없어
종달새의 노래를 불러 줄 수 없어
무엇보다 나를 더 가여워 하기에

그의 비밀 방 가는 길목에서 흐려진 눈

있으나 보이지 않는 3
-우리는,

흙냄새에 발을 함께 묻었으니 우리라고 했다
같은 차원이 우리라고 우겼다
지구가 우리라는 탈바가지를 씌워 주었다

그렇게 우리는 단 하나의 든든한 우리가 되었지만
설명에 목매단 삼차원에서 굳어버린 입은 풀리지 않는다

벽이 먼저 찾아왔기에
벽이 기르는 숨은 없기에

누군가를 속속들이 안다는 깊이
말 못 할 그림자까지 들춰 본다는 달빛의 촉감
뒤편 어둠까지 읽어가는 촉촉한 시간

참 뜨악한 일이다

그리하여 멀어지고 떨어져 나간다

여기는 거기의 꽃을 피우지 못하고
거기는 여기의 뿌리를 나르지 못한다

흙냄새는 우리를 살리는 거름이 못 되었다
같은 차원이 널뛰기했다
지구가 씌워준 탈바가지가 버둥거렸다

꽃 화분의 입장

햇빛 한 줄기의 노랑
안팎의 숨구멍을 벌리는 바람의 파랑
뿌리를 단단하게 할 갈변 없는 흙색
놓치지 않았다

목이 타는 줄도 몰랐다
야생성이 달아난 걸 웃어넘길 수도 있었다

물은 사랑의 언어야
당신이 주는 물을
투명하고 촉촉한 사랑이라며 간지럼도 탔다

그러다가 어느 날부터 시큰둥하게 물이 치워지고 있을 때
축 늘어진 내게서 가시가 솟아났다

외계로 달아난 당신은 표정이 망가진 암석들과 노느라 정신이 없었다
 먼 복숭아밭에서의 달콤한 밀어가 들려올 때

발톱이 피나도록 뿌리를 움켜쥐고

햇빛과 바람의 눈치를 잡아
멍한 머리 헹구어 가며 목마름을 재워 두었다

마지막까지 살리는 건 영혼이 거두는 빛
말라가는 꿈인지 시들어가는 판타지인지의 베끼기가 시작되었다

해부학처럼

수많은 잔금들 맞물린 유리 가슴

발길에 묻어온 새들과
서로의 느낌 반짝 순간을 나눈다

하나같이 커다란 힘이 센 새들 쪼아 댄다
피하려는 몸부림, 잔금들 움직인다

거기까지, 제발-
간절하다

잔금들 풀려 내려앉으면
꾸려가던 빛이 사라지는 날이거니-

오늘의 행복지수는 겨우 추슬러 제로섬*
내일의 행복지수는 시든 적 없는 오늘의 가시광선

흐려지지 않는 유리 가슴

남의 심장들로 울고 웃으며 질퍽하다
여러 심장들 반짝임을 멈출 수 없다

불편한 구석을 더듬는 유리 가슴
얇은 가슴벽에 자신보다 여린 새가 먼눈을 던질까 봐
몸을 사린다 반짝임을 멈출 수 없다

피 나지 않는 칼로 자신의 가슴을 열어 본 사람

* zero-sum

아프지 않다

우리 사이 탈이 넘쳐 굳어가는 것 투성이야 투정질도 딱딱하게 말라 가

달이 목구멍에서 차오르면
말들이 매끈매끈해질까 말랑거릴까

대화를 나누기 전이야 부드러운 것들은 미리 알아채지 소중한 느낌이란 때로 뒤통수를 맞는다는 것을

왜 그랬을까
어떤 물음은 속을 뒤집어도 볼 수가 없어

제 피와 살을 움켜쥔 채 되돌아나가지 않는 상처

당신은 뭉게구름이었고 어느 때는 뭉게구름을 도려내는 칼이었던가 또 그 어느 때는 뭉게구름을 꽂아 두었던 꽃병이었던가

상처의 윤회다

제2부

바닥 달래기 1
-눈 숲과 별

아무것도 되는 일이 없다는 것은 그리 나쁜 일 아닙니다

뜬 가슴을 누르면 바닥의 차디찬 핏줄을 탑니다
기꺼이 틀어박힐 자리입니다

이제 앵무새가 되지 않아도 되는군요 입 찢어지는 피에로가 되지 않아서 좋군요

상처의 고전이 실한 뿌리를 내린 바닥

눈앞에는 널브러진 물고기들
나쁜 상상에서 고약한 비린내가 풍깁니다
고개를 돌릴수록 뒷말이 쌓여갑니다 피할수록 끌어당깁니다 아무 때나 미끄럼 타고 오는 밀크 초콜릿처럼요

생물과 무생물의 중간쯤에서 다시 태어납니다
살아도 산 것이 아닌 눈망울이 깔립니다

아름다운 것들은 왜 흔하게 찾아오지 않는지
아름다운 것들은 왜 자주 달아나는지

끝없이 펼쳐지는 눈 숲과 별들의 방문은
바닥에서 비로소 보이는 것들입니다
더 이상 갈 곳 없는 자리에서 눈물이 나지 않은 이유입니다

아무것도 되는 일이 없어서 헐떡거리지 않습니다 그런대로 나쁜 날 아닙니다

바닥 달래기 2
-한 모금

이 화창한 오후 바닥의 숨이 요란하다

그 감촉은 울퉁불퉁 거칠다 화가 나 있는 것 같다
너무나 지쳐 있기에 화도 내지 못하는데

엎드려 고인 허무를 꼬집는 바닥

그 영혼을 어루만지면 다시 돌아갈 길이 애써 드러난다

살 만한 이유
살아내야만 하는 이유

떨어진 바닥이 몸을 추슬러 오렌지 빛 햇살을 한 모금 끌어당긴다

예전에 흘린 빛의 떨거지인지
다가올 빛의 가벼운 예감인지

어디로부터 발을 옮기는 꿈 밖 촉감인가

바닥 달래기 3
-산타 오는 날

열 개의 선물 꾸러미를 멘 산타의 소식이라니
하나만 받아도 언짢은 골방이 태가 날 텐데

산타는 숨차게 달려오겠지
검은 덩어리 한가운데로
이 숨구멍조차 없는 분위기를 알아본 거지

종합 선물 세트가 꿈을 나르는 어릴 적 머리맡은 잊어야 하지
기다란 양말 주머니 안에서 꿈꾸던 아이를 접고 접어야지

산타의 등장이란
뿌린 씨 거두는 일 아닐까

아홉 개의 자루에는 고단함을 모은 일 년이 퉁방울눈으로 깜짝거리겠고

한 개의 물음표가 졸고 있는 자루에는
속속들이 알찬 그늘을 드리운 미래 그리로 향하는 의문이 들었을 게 뻔해

바닥으로 잡아끄는 마인드 컨트롤이라든가 노랗게 뜬 하늘을 풀이하는 낯가죽 두꺼운 사전 같은 거 말이지

그-렇-지-만- 자루를 샅샅이 뒤져보면
뭉클한 행복을 눈이라 믿는 산타의 계절에 안겨 꿈을 틔울 수 있는 씨앗을 품게 될지도,

바닥 달래기 4
-침실 창문

하루를 눕히고 나서 밤하늘로 달아난다
 침대가 무거울수록 밑창이 고약하게 잡아당길수록 시선은 더 멀리

 밤하늘에 좀스러운 영혼을 흩뿌려 수레국화의 옷을 입히고자—
 바닥으로 끌려간 하얀 핏방울 몇 점 보탠 지구는 얼버무려 보기 좋은 정원인 듯하겠지

 바닥이란 대체,
 짓밟아도 종알종알 살아나는 낯 두꺼운 근육질이야 다질수록 가슴뼈의 금이 또렷해지는 표정이야 밑천 들이지 않고 언제든 한자리 꿰찰 수 있는 울음의 깔개야

 미운 바다

 봄빛 칼을 맞고
 여름 숲 그늘 깨지 않는 잠으로
 스산한 바람의 깍지를 끼고
 얼음 썰매를 타고 극지로

아주 멀리 불려갔나 했지
계절마다 허투루 흘려지는 땀방울을 미안해할 것 같아서

바닥의 알밴 뿌리를 잊기 위한 밤의 놀이는
바닥이 없다는 진화된 행성의 풀밭으로 날아가는 거지
하늘과 땅 차이라는 말을 견디지 않아도 되는,

든든한 밤하늘의 끈을 잡고 창문 밖으로 달아난다
달과 별을 퀼트를 한 이불이 추운 영혼을 덮어 준다는 귀
뜨임에 솔깃해서

바닥 달래기 5
-겨울 이미지

거기에 전나무 숲이 잠들고 눈 내리니 집 한 채 공들여 지어야지

배경에 홀린 집은 바다을 품어 주는 가슴
들린 발이 들어가도 주인공 자리를 내주겠지

집이 아껴둔 사랑 노래를 씌워 주면
바닥은 한 데서 울지 않을 테지

지나온 날들과 거리를 두는
한숨을 날려 버릴
불안을 잠재워 줄
염려를 지워 줄
상상만으로 그들먹해지는 기분에 속아도 좋은 거야

깜깜한 밤의 눈을 도려낼 건지
냉기만 차오르는 바닥을 구겨 넣을 건지

추운 눈 감으면
전나무 숲이 잠들고 눈이 내리고 집 한 채 공들이지

바닥 달래기 6
-토마토 계절

오늘의 점심 메뉴는 스파게티
멀리 나폴리로 가볼 참이다

웰빙 웰빙…… 토마토의 파도치는 심장이 주문을 건다 버섯과 파프리카는 유쾌한 바람잡이

냄비 안 토마토들의 끌탕을 잠재우니
지인들 얼굴이다
안부를 물을 일이 없겠다 누군가의 맞은 뒤통수가 뒤돌아 실실거리겠지

토마토의 꿈은 꿈을 깨지 않는 것
그 꿈 엿보는 자가 훔치는 자가 되어도 그만

포크에 국수 가락을 감으니 국경이 리본을 푼다

이국의 바람을 타고 식탁 위 말린 장미가 방금 핀 봄꽃의 입술을 빌려 온다 지친 그늘이 붉게 울렁거린다 유쾌하게 물들이고 싶어서 토마토는 뻐드렁니를 드러내며 웃는다

드러누운 바닥도 일으키는
토마토의 헤픈 입맞춤

그러다 곰곰 생각을 심어본다
행복이 상상으로 꾸려지는 것이라면 왜 멀리서 도둑질해
와야 하는지 빨강 크레용 같은 머리를 짓이겨본다

밤의 축복

비가 오는 밤과 비가 오지 않는 밤이
밤의 배경에서 갈라진다

밤비의 소리와 밤비의 정적이
물통인 가슴에서 나뉘어진다

밤비의 파란 피와 밤비의 검은 피가
색소 먹은 분위기에서 쪼개진다

그래 그래서
나는 밤비의 행인

침대에 누워 비 오는 하늘 길을 걷는 산책자

누구도 못 말리는 헤픈 몽상가

나는 빈둥거리고 싶다

총은 쉬고 싶은데
신발은 처박히고 싶은데
스마트폰은 날개를 접고 싶은데
눈과 귀는 두말하지 않고 창문을 닫고 싶은데

나의 애인은 아무 소식이 없어서 사랑스럽다

총이 쉬면 전쟁이 쉬는데
신발이 처박히면 어이없는 발품이 처박히는데
스마트폰이 날개를 접으면 곤한 관계가 달아나는데
눈귀가 창문을 닫으면 꼴불견과 우당탕 소리가 사라지는데

나는 빈둥거리자고 입술을 깨물지만
총의 소식을 묻고 신발과 스마트폰과 눈귀를 접을 수가 없구나

애인은 내가 갈 수 없는 판타지 놀이공원에서 킥킥거릴 게 뻔하다

판타지 호숫가 벤치에서
지는 해가 빨간 별장을 지을 때까지 기다려 줄 것이다

빈둥거리는 나를 내버려두려

긴 비 1

 이렇게 길게 추근거리는 비가 혈관에 쌓일 때는 비로 국수를 만들어 먹을 것 같은 그녀를 만나고 싶어

 꼬투리도 남기지 않고 비가 되는 일은 너무나 쉬워 허공에다 혈관을 세우기만 하면 되거든 비와 슬픔을 구름의 리본으로 매어 놓았기에 선물로 줄 수도 있어

 태평양 건너 머나먼 지평선 끌어당기며 나는 내리네

 타샤*의 정원에서 기웃거리네 망설이는 나를 보고 단비라 반기는 그녀는 누가 뭐래도 18세기 풍의 주름옷을 입고서 밀가루 반죽을 털면서, 비같이 생생한 질감이 없어서 죽은 듯이 살았다오

 그녀의 손재주를 알지만 좀 미안해서, 제가 생생하기는 하지만 너무 많이 치대면 질척해져요 차마 눈물이라고 말할 수 없어

호— 괜찮아요 알아서 아프지 않게 만져줄게요 부드럽게 살살 달래줄게요 나는 따뜻한 잠이 들 뻔하지 그녀는 내 혈관을 치대며 콧노래를 부르네

보라 비비추를 띄워 국수를 맛있게 말아 먹는 그녀, 당분간 슬퍼해도 괜찮겠군 그러면서 마른 흙을 열어 산 자가 엿볼 수 없는 부엌으로 들어가는군

다시 태평양 건너오네 타샤의 정원에서 돌아온 비는 그냥 바깥 비, 혈관에 오로라 빛 번져 오는데

• 타샤 투더

긴 비 2

약발이 떨어지기 시작해

보이는 마음과 보이지 않는 마음을 포개면 제 살을 갉아먹는 소리가 나네 긁힘의 시선들이야

또 다시 타샤의 정원에 갈 수는 없잖아

끈질긴 나를 지겨워할 것 같아 그녀가 넌더리를 내면 나는 숨을 곳을 찾게 되겠지 그녀의 감미로운 부엌을 망가뜨릴 수는 없어

내놓아 봐 내놓아 봐 슬픔이라고 부르는 얌통머리를 부풀어 오른 물풍선을 건드리며 눈물이라 말하잖아

내놓으라니까, 나의 곁가지가 몰아세우는데

비는 슬픔이라는 물방울 반지를 열 개의 손가락마다 끼워주다가 주르륵 클 클 저물녘으로 빠져나가는군

그래도 비를 물리는 법이 쉬이 오지는 않아

물기와 반짝거림의 속성이 밤하늘에도 있어서 비는 자리를 뜨네

긴 비 3

별에 취하다 보니 눈이 와인 잔이 됐군 별빛을 담은 눈, 하늘과 건배를 했던가
그런 퍼포먼스 우습지 않나

슬픔을 긴 비라고 말하다가
비의 팔촌도 아니고 비로 빚은 허수아비라고 놀려보다가
별을 기다린 것을

하늘에다 발품 아무리 팔아도
별은 숨은 귀티

차를 나눌 입들이 아껴둔 빨간 찻주전자가 끓여대는 수증기에 갇히고

시궁창이고 싸움터며 배 부푼 벌레들 여기저기
긴 비가 떼를 쓰는 그저 그런 날 시궁창에서 반짝거리는 게 보였다
신기하게도 거기에 별이 박혀 있다니

둘러보니 지상 어디에서도 기침하는 별

나는 하늘에서 별들을 떼어 버렸다
언제 이리 많은 별들을 장식해 놓았는지

죽은 별을 품고 아파하는 너를 비로소 만나게 되었다

흘려버린 별의 기억
그렇게 시를……

달콤한 게으름*

하늘을 들인 창 곁에
별난 하루 품을 의자 하나면 침 흘리는 소동은 끝나지

지구가 따온 시간이란
하늘의 무한대 까마득한 아래 쫓기다가 점점 줄어지는 천덕꾸러기

물오른 게으름이 정원을 만드는 건 햇빛의 공
그 정원에서 햇빛을 문지르면 갈라진 자리가 다 아물 것 같아
구겨진 밑상이 헤벌쭉 웃는 꽃이 되겠지

오르골 인형의 태엽을 감아 놓았으니 풀려 가는 대로 숨찬 줄 모르고 주먹질인지 춤인지를 엮어 컴컴한 지구를 맴돌고 있다니 곧 던져버릴 구두 짝은 지구의 희미한 무지갯빛 궤도에 실려 혼자 살 떨리려나

살기 아니면 죽기의 오르막들

새끼손가락에 꼬여 오는 약속들
눈 부릅뜬 안부들
날아가겠지

똘똘하게 뭉친 삼백육십오 일이 몽땅한 초 조각이라도 흘려버리게 아무것도 원하지 않는 그 저리

갇힌 시간 너머
게으름이 피둥피둥 살진 하늘 곁 의자 안에서

* 이탈리아어 Dolce Far Niente

안 읽히는 책 1

눈꺼풀이 무거워 밤인지 낮인지 모를 천년의 잠이야

아니지 눈은 닫힌 적이 없어 아무도 들어오지 않는 동굴 안에서 눈은 뜨나 감으나 헛것만 낡이지

귀는 남이 잘 나간다는 소문에만 팔랑거리고 볼록해도 게걸스럽게 고픈 배는 다 남의 텃밭이고 남의 딸꾹질인걸

덤으로 하나 더 주는 좌판에서 고객을 낚을 수도 없고 떨이로 보따리상을 취하게 할 수도 없네 농가로 달려가 불쏘시개로 태울 수도 없고 외진 산골로 기어가 밑씻개의 수행을 할 수도 없네

당신의 열정을 기억하긴 해

여러 날 밤새우며 녹슨 그릇의 더께를 닦았던가
당신의 저린 손에서 매끈한 달이 뜨도록
그것은 영혼의 페이퍼 질
내가 먼지를 뒤집어써도 불행하지 않은 이유야

눌러앉은 먼지들이 빛을 타는 한낮
나를 탄생시킨 빛으로 잠시 산책 가는 기분

한숨 거두며 깔린 빛의 사뿐한 걸음을 따라가면 꽤나 몽상적이겠지

비에 젖은 잎사귀처럼 절로 가라앉는 눈꺼풀
깊은 잠은 매혹적이야

혹 모르지 99년을 꿈꾸다가 어느 날 내가 세상의 눈을 푸른 마법으로 칠하게 될지도 헤 헤
살아서 그림 한 점 안 팔렸던 고흐가 이따금 놀러 온다니까 그냥 헛것, 날림 이야기로 할게

안 읽히는 책 2

발품 파는 잡상인 같은 그 많은 얼굴 틈 벌리고
책으로 태어난 건 그에게 영광이었다

잠깐 마주한 빛
길게 늘어진 그늘

좀 고상한 낯빛 뭔가 채운 것처럼 보이는 그는
밀려갔다 되돌아오지 못하는 날짜나 셀 뿐

깻잎 활짝 웃으니 머잖아 깨알 모아지겠지
그는 아주 작은 열매의 후렴구를 떠올리다가
뭇 시선 밖 활자 달래며 고개 숙인다

손때 반질반질한 책들이 빛 자락을 펼치는데

생각 생각이 비워져 가는 하얀 저녁

외곬 한 데에서 어쨌든
타고난 영광을 되새김하며 이어가라는 귀엣말 듣는다

멍 때리기

비가 연두색 물감을 엎지르니 어린 숲

충충한 알맹이를 구겨 넣고
아무도 들어간 적 없는 숲을 마중 나간다

18세기 유럽풍의 긴 치마가 걸맞지
살아오면서 이따금 이렇게 넘어왔나 봐
요만큼의 우아함 덜그럭거리지 않도록

머리를 파먹는 생쥐들 바글거리는 뒤끝에서

생각 지우기
생각이라는 말조차 털어 내기
멍 멍 멍 멍 멍……
어느 사이 잠이 들어

숲을 베고 잠든 큰 사람 찾으러 다니다가 문득 보았다
내 잠의 흠집을

참 미묘하군요 어쩜, 때맞추어 투명한 우주에 얼룩을 내

시는지요 나는 커지고 있었어요 눈부신 광기만 남아 부풀고 있었다니까요

   우주라는 어마어마한 간판을 훔친대도 웃음거리가 아닐 정도로요

   한숨으로 얼룩진 잠은 폭넓은 치맛자락으로 훑어내도 지워지지 않아

   연두색 어린 숲을 걸어 걸어
   비애 자락 끌리는 가냘픈 잠에 도달한 것을

겨울 레시피

겨울나무의 앙상한 가슴뼈 발라서 냄비에 깐다

얼음장 하늘 알뜰하게 떼어서 그 위에 골고루 얹는다

눈 마른 공기 가득 불어 넣는다

홀로 꾸짖던 발품 쓸어 담는다

희망이 떠나간 비망록 채 썰어 양념으로 뿌린다

세상의 뒤틀린 눈알들 한데 섞어 끓이면

한 울렁거림으로 끈적대는 찌개 냄새 한 사람에게만 쏠리는 하늘 지운 무채색

냄비 뚜껑 열고 꿈꿀 수 없는 겨울밤이라는 넋두리를 양념으로 뿌린다

심심한 식탁의 배경으로는 베이컨의 그로테스크한 인물화를 걸어 놓는다

그런 뒤 뒤탈 없이 마구 먹는다 이런 때 딱이야 혼잣말에 만점 주기

때로는 특별난 이유가 없이도 묘한 이유가 되는 날이 선다

제3부

정다운 방

눈꺼풀 내리지 못하는 촛불 한 자루

때맞추어 검은 옷 입은 방 안의 사물들

창틈으로 칼바람의 뼈 끼어들 때

훌러덩 벗겨진 기도문

하소연이 먹히지 않는 기원이
숨길 따라 채워지는 공허가
더 이상 낮을 수 없는 바닥에서 마주 본 별밤이
내린다

살 녹고 짓무를 때까지
한 자루 촛불이 되어 가는

안이 치명적으로 붉은 사람

영혼의 옷 두툼하게 입고서

몽크스 하우스*

벼르고 별렀던 기나긴 여행이었다

자신이 사라진 정원에 도착한 그녀
그 한낮의 흐린 시간에 갇혀 여기 오기까지 만만치 않았다
긴 시간을 넘다 보니 시간마다 벽일 걸 알면서

이렇게 오래 갇혀 있을 줄 몰랐어

아름다운 꽃들은 여전히 아끼는 종말이고 그녀 없이도 이름값을 하고 있다는 걸 아프지만 달래면서 정원을 스쳐 갔다

앞치마를 두르고 머릿수건을 쓴 시골 아낙네였다면 쇠스랑을 잡고 흙냄새를 들이며 익어 갔다면 빨간 혀 물오른 자연 앞에서 쪼그라지는 그녀

주머니에서 꺼내 던져 버린 돌멩이들의 젖은 눈을 쓴웃

음으로 닦으며,
　어떤 선택은 사후에 지루한 두통거리인 거야

　팽팽한 거미줄을 걷고 그녀는 허공의 집으로 들어간다
　하고 많은 벽 일시에 넘어

* 버지니아 울프가 강물에 몸을 던지기까지 살았던 전원주택.

청년 시대 1
-긴 잠

해가 홀쭉해지는 걸 바라보면서도
머리를 부풀려 광대한 꿈이 익어 가는 중이라는 한 줄 알림을 잊지 않았던 청년 앞에는

밀린 고지서와 망친 이력서들
칸이 너무 많았고
칸이 영영 없었다

스펙은 자라지 않아 빈칸이 저물고
열망이나 목숨 같은 꽤 쓸 만한 나무를 심을 수 있는 칸은 보이지 않았다

붙여주기만 하면 차가운 밤을 뒤져서라도 별을 따올 수 있을 것 같았으나
문을 그리면 꼭 다문 입들이 덮쳤다

주인공 사라진 시간이 포개지고 포개졌다

아무도 곁에 없기에 홀로 가는 그 먼 곳에 기댔다

질 나쁜 꿈을 덮으며
무연고자의 무덤 속에서 깨지 않는 잠에든
우리의 까만 눈망울 아우르는

청년 시대 2
-사과 무덤

 잘 익은 사과 한 알이 되고 싶었다는 뒷말이 색이 빠져 떠돌았다

 분홍 심장과 뺨이 아름다운 청년은 사과를 수확하는 법을 익혀 갔다
 사과의 꽃잎만 씹어도 달콤하게 익은 사과의 안부가 전해졌다

 이따금 퍼붓는 궂은비의 심술에 걸려들지 않는 것도 일이었다

 흘러내리는 안경 밑으로 콧물 떨구는 이력서들

 뜬구름조차 팔려 나간 수확의 계절
 철사 옷걸이에는 그의 까맣게 마른 몸이 한 입 거리로 걸렸다

 겨울이 씹다 뱉은 사과꽃처럼 청년기를 졸업한 그는
 되는대로 굴러가다가 아무렇게나 처박혔다

풀꽃들만 받드는 무연고자의 무덤 안

청년의 신분으로 죽어서도 잘 익은 사과에 목매달 것-

허공에 매달린 사과 한 입 베어 먹을 때마다
둥글고 알이 꽉 찬 지구에 눌려

서랍 속의 제니

빨리 자란 아이가 어른스럽다는 것은 재미난 이야기예요

내 키가 저 여자만 해졌을 때부터 나는 서랍 속에 갇혔어요
누군가의 손길만 닿아도 물러터지는 복숭아가 꼭 나 같아요

여자의 눈은 찢어진 아시아풍
내 눈은 동그란 서양풍
그러나 우리는 사이좋은 DNA 출신이지요

여자가 서랍을 뺄 때마다 싸움이 시작되었어요 가만히 놔두면 얌전히 곯았을 텐데요

여자는 늘 높은 톤으로 반복되는 입김을 지녔어요 공부해야지 밥 먹어야지 그런 말이 특별히 나를 긁는 건 아니지만요 무엇이든 트집을 잡아야 내 무른 살의 아픔을 어루만지는 것 같아서요
제때 넣어주는 밥이 질리는 개 사료 같다고 투정질을 하지요 여자가 속으로 울든 말든요

정성을 쥐어짤수록 화가 나는 나이라고 스스로 머리를 쓰다듬어요

괜히 미워하고
괜히 싸워서
내가 썩 마음에 들어요

물오른 복숭앗빛 치마를 들썩거리면 날개를 단 것 같아 좋아요

서랍 속에는 학교 학원 자율 학습으로 난 길이 울렁거려요 어느 쪽이든 공부의 엄한 신이 노려보고 있지요
　나는 피해 가다 툭하면 갈색 흠집이 생겨나요

저 여자가 나만큼 행복하지 않다는 것을 알 때쯤이면 엄마라 부르겠지요

눈물 나는 이야기는 멀어질수록 좋아요
　빨리 자란 아이가 어른스럽다는 말에 웃음이 침방울들을 튀겨요

무명 시인

사전에 무명이란 말은 있어도
무명 시인이란 없다

이미 너무나 유명해진 무명 시인의 이름이 자루로 털린다
살짝 건드리기만 해도 금빛을 날린다

무명 시인의 시선을 지독하게 과분하게 받았던,

나무들 꽃들 풀들 사이에서

바다 너머를 훔쳐보던 푸른 하늘 앞에서

어둠 속으로 자주 불려 온 먹구름 동네에서

사무치게 품어온 비의 얼굴 곁에서

축제를 몰고 오는 눈의 시간 안에서

이미 너무나 이름난 시인들

그렇지만 유명세 한 푼이 없다
넉넉하고 시끄럽지 않은 자연의 가슴 안이다

오늘도 자연의 인물 사전에
빛 밝은 이름으로 하루를 산다

귀한 내면이 익어 가는
귀한 시인의 이름으로

하우스 귤

과자로 만든 집을 다 먹고 바삭바삭해진 그 애
초등학생이 되자 비닐하우스로 씌워졌다

넌 눈비와 사나운 바람에 말려들지 않아 공부만 쏙 빼먹으면 되는 거야 야들야들한 껍질 살릴 일류대의 문이 열릴 거야 치켜뜬 백색 등에다 기분 맞추고 고개를 쳐들기만 하면 되지

머리 하나쯤 골병 들어도 다음이 있으니 든든하지 어미는 금빛 머리들을 받는 태몽 중
  심어지고 심어져서 여럿이 된 그 애

팔 걷어붙여 샛노란 머리의 꿈을 개켜 놓는 어미
심장 뻥튀기될 때

물음과 울음의 바닥에 공들인 그 애
핏기 빠진 손가락이 물고 있는 비닐하우스 천장을 하늘이라고 이따금 올려다보면서
  시들시들 물러지며 중얼거린다
  발꿈치를 무는 어미 쥐의 소굴이야

아무것도 되는 일 없이 십 대 넘어 이십 대를 놓쳐
물러진 바닥

샛노랗게 물든 어미는 빨리는 한숨으로 그 애의 눈길을
끊어 놓고는 혼잣말을 날린다
애가 버르장머리 없이 상했네

멀리 레몬 나무가 자란다

가느다란 비가 질기게 발등을 묻었다

그렇게 그녀는 땅으로 스며들었다 달아날 수 없었고 가슴까지 묻으니 비명이 새 나가지 않았다

빛 한 올 엮이지 않는 곳에서
거덜 난 영혼이 감지 못하는 눈망울을 홉뜨고

닫힌 창문 같은 아이들이 덜컹 덜컹 그녀의 꿇은 무릎 위에서 시소 놀이, 태풍의 눈을 단 학부모들의 혓바닥은 그녀의 녹색 전원을 풀어놓은 잠자리까지 쳐들어왔다 꿈이 풀어질 때까지

비의 마지막 한 방울이 반짝, 학교를 쏟아 버렸다

자라지 않는 나무들
모두의 미래는 숨이 죽는다

털린 보물섬의 뒤끝처럼 교실 날아다닐 때

꽃이라 부르는 가면들 아름답게 얼굴 바꾸느라 손거울을 꺼냈다

순한 돌

돌이 시끄럽다
볼썽사나운 소굴이거니 유리가 돼 가는 지구를 부순다
침묵하는 화 덩어리
가능성만으로 단단해졌다

돌이 이글거린다
차가운 모든 것을 뜨겁게 달군다 타오름을 멈출 수 없다
뜨거운 피가 재생 테이프를 돌리는 가슴

돌이 겹치고 키를 높인다
볼만한 상징으로 된 탑
허물어지는 가슴에도 돌탑을 올렸다 미련한 듯 그것을 일 없는 희망이라고 부르며

돌이 돌의 하루를 견딘다
아무도 그의 밀실에 들어가 본 적이 없다

그가 얼마나
세상에 던져야 할 말이 많고
그리 뜨거운 사람인지

희망의 무한 줄다리기를 하는지
누구도 알지 못 한다

입들의 떠들썩한 난장판 밖에서 그는 보였다가 안 보였
다가

전쟁놀이

어제 죽었던 아이들이 오늘 또 총을 드네
플라스틱 장총에서는 총알 대신 뭉게구름의 방랑벽

총 맞은 아이들 죽은 척, 그러다 일어나 깔깔거려 겁먹지
않아서 내일을 기다리는군

아이들이 세상에서 가장 어려운 말을 고르네
부드러운 깃털이
순한 눈동자가
힘찬 날갯짓이
몸통인 평화는
뭉게구름이 집이어서 땅에 오래도록 발을 붙이지 못해

어느 먼 곳 아이들 총 맞고 검붉게 쏟아질 때

새 총들이 개꿈에 빠진 장난감 가게에서
어제 죽었던 아이가 은빛 포장지의 시선으로 기웃거릴 때

군더더기 없이 반짝이는
별, 평화에 길든 마음 뜨니

그 바다의 일기장

외진 바다 마을 공터 한 귀퉁이에
아무도 거들떠보지 않는 시간을 겹겹이 껴입고서
묶여 있다 땟국에 절은, 하얀 티만 나는 개

거기 지나가는 한 사람
개 없는 공터와 남빛 바다만 보았고

지나가는 또 한 사람
바다 풍경 흐린다고 개에게 돌멩이를 던졌다

지나가는 또 다른 한 사람
눈빛 모으더니 넋두리 시큼털털하게 뱉는다
어디 갔나 했더니 내가 여기에 와 있군

파도가 잠잠한 바다는 일기장을 펼쳐
오늘 아무 일 없음이라 적는다

혼자 밥을 먹다

반찬 두어 가지가 파도에 쓸려온 조개들이다

조갯살과 그녀의 시선이 모래밭을 향해 머리를 든다

끝이 안 보이는 모래밭을 걷는 그녀

넉살 좋은 주황 사리가 휘감는다
그것이 석양이라는 것을 뱉고 싶지 않았다
한 생의 저물녘을 건너뛰려 했다

덧입은 주황이 화사해서 숨기 좋구나
혼잣말에 쏠리는 그녀

조개들 몇 감아쥔 아무리 먹어도 배고픈 저녁

유난히 밝은 별을 본 것 같았다
벅차게 밀고 들어오는 그 무엇을 포크로 찍는다

언제나 그렇듯이 에필로그는 살 만하다

그날의 후식은 북유럽 스타일로, 빨간 전화 부스를 불렀다

치렁치렁한 금발의 숙녀가 전화번호를 누른다
먼 이국땅의 전원 풍경이 그녀의 전화를 받는다

그 숲

 그는* 월든 호숫가 외딴 숲에서 아쉬울 것 없었다
 작은 통나무집을 짓고 빵을 구우며 나무와 새와 여린 동물들에게 옆자리를 내어 주었다

 자연의 유쾌한 반려자는 묵은 잠을 털고 나와
 별을 욕심껏 사랑하는 사람들에게 다가갔다

 사고 나면 별 몇 개씩 손에 떨어진다는 아파트는
 오를 때 금칠, 내릴 때면 그 칠 벗겨지는
 별 아닌 별이란다

 그는 자연을 사랑했으나 도토리 한 알도 허투루 주머니에 넣은 적이 없었고
 몸과 마음이 지쳐가는 땅의 노예가 아니었다

 자연의 푸른 핏줄 그대로, 가슴과 생활이 시였던 시인

 종교 너머의 뭉게구름, 바람 자락, 새 깃털인 영혼은

빈칸에 종교를 쓰지 않았다

* 데이비드 소로

다리 아래

일터 장터에서
꿀을 낚아채는 목청들

우렁차게
습관적으로
때로는 씁쓸하게

다리 위 하루가 시끄럽다

몸뚱이 구차하다며 말아 쥐고는
다리 밑 강물로 한 줌을 날려 버린 그 사람

목청 접어
휘청, 살아온 날을 검게 비추는
두려운 깊이로

아가리 벌린 검은 물이
그에게 드리운 캄캄한 하늘 움켜쥐고는
울음과 함께 받아 삼켰다

그리고는 허공에 흩어진 말 없는 말로 입가심했다

노인의 천국

 노인이 입이 있을까 귀가 있을까 손이 있을까 있으나 마나 한 다리는 내버려 두고라도

 노인은 중얼거리며 작은 몸뚱이 한 줌 된다 살아서의 흔적을 말끔하게 지우자는 입맛대로

 여기서 나가주셨으면요
 검은 머리들과 커피 향에 엉겨보려 했는데…… 없는 귀 쓰다듬는 노인, 청년의 손짓만으로 퇴장이다

 나도 사람이요 개새끼가 아니란 말이오
 어이없어 구멍만 커진 입, 소리 한번 지르지 못하는데

 불끈 쥔 주먹 한번 멕이고 싶은데
 아 참, 손이 없잖아 아침상도 마누라가 차려 줬잖아

 백발과 주름들 달려가고 모인다 젊어지는 단물 서빙하는 카페가 나오려나 노인의 천국에 생각 한 올 빠지다가

 덜렁거리는 다리 끌고

노인만 오라는 하늘길 입구로 반 발…… 반 발

뻣뻣한 검은 머리들 뒤로 하며

반지하에 머물다

해가 나도 폭우가 그치지 않는 마음, 그 집으로 향한다

흙탕물 폭포 된 계단의 어질러진 꿈에 잠시 젖어

똑똑 잠깐 들어가도 될까요
말 따라 곰팡내 숨 안에 차오르는 어두컴컴한 방이
새로 바치는 가슴이라고 한다

갇힌 물
더 이상 갈 데 없는 물
그래서 피할 수 없는 물이 머리꼭지까지 들어찬
사라지는 것들이 눈물 무덤이 된 방

쪽창에 그린 해님 얼굴 지우고
해맑은 어린 소녀의 환영이 나타난다

어린 소녀가 세상에서 마지막으로 본
낮은 데로 흘러간 물
아직 어린데 너무 일찍 닿은 바닥

그림물감 칠한 종이를 반으로 접으면 똑같이 살아나는 무늬를 기억해요
반지하의 감정을 반으로 접으면
지상으로 날아가는 날개가 펼쳐지나요

휘어지다가 꺾여 고이는 감정, 어린 소녀는 가지 않는다

미니어처 마을

 용돈으로 틈틈이 집을 사들였던 소녀가 모은 집들이 한 마을이 되었다 하얀 뭉게구름을 띄운 유럽풍이었다

 맨발로 살금살금 마을에 들어간 소녀

 공부에 얼음 눈을 박은 아빠 엄마의 눈은 녹아내렸고 학교와 학원은 숨은 벌레처럼 박혀 있어서 웃음이 나왔다 소녀의 상상이 부풀어 골목 골목을 채웠다 빨간 우체통에다 북쪽으로 간 철새의 안부 엽서를 넣기도,

 그저께 내린 빗물처럼 촉촉하지 않은 듯 촉촉한 듯 상상에 홀린 소녀는 즐겁게 빵 굽는 일을 했다 때로 별빛 귀퉁이를 닮은 남자 친구가 하얀 데이지 꽃묶음을 들고 찾아올 때마다 소녀는 조금씩 더 자랐다

 재미없는 공부가 흘끗거리지 않는
 상상이 뭉글거리는 굴뚝 넘나들며
 떠나온 마을의 소식을 묻는 소녀,
 백 년 빨간 우체통이 되기로 했다

찬란한,

꽃은 불러 주는 대로 받아쓴다
예쁘다고 하니 예쁜 얼굴 더욱 돋보인다

꽃들은 저마다 똑같은 비망록을 품는다
비망록을 채우느라 죽기 전에 해야 할 버킷 리스트를 생각하지 않는다

불러 주는 대로 불려 나가는 꽃
마지막이 오기 전에
어둠을 밝히려고
더러움을 잊게 하려고
우울 덩어리를 날려 버리려고
버킷 리스트를 생각할 틈이 없다

꽃이 멍청하게 보이는 건 취하기 때문
취하면 어떡하든 살아지기에

어느 전쟁터에서도 피는 꽃
그것은 꽃의 곁가지 진화

전쟁터에서의 꽃들은
죽기 전에 해야 할 버킷 리스트가 없다

제4부

벽 1

  고개 쳐들어 둘도 없는 상남자인 내게 박수를 보낸다
  소음 막지 꼴불견 가리지 언짢은 대화 감추지
  쓸 만해 잘하고 사는 거야

  하나를 베어 내니 또 다른 내가 튀어나와 가슴과 가슴 사이 따스한 물결 토막 낸다

  내 등판에서 말라 쪼그라지는 이들
  이건 아닌데 하면서도 그들의 눈물을 닦아주지는 않는다

  뒷짐 지고 무수한 나를 만난다

  굴러다니는 먹통들이 다 내게서 나오니 즐거운 일에 고춧가루 뿌리지 않는다

  나의 악역을 빨아먹는 흡혈귀를 만났다
  갑질하다가 욕을 먹었을 그는 툴툴거린다
  다 네 탓이야 몹쓸 그 꼬락서니

  잠시 후 그의 청동빛 얼굴이 나의 얼굴을 슬며시 어루만

진다
　열릴 일 없는 까만 창인 줄 알은 게다

　같은 피는 거북하지 않아
　웃음기 없이 웃고 즐길 줄 안다

벽 2

겨우내 쇠붙이와 얼음을 피해 다니면서 무언가를 빚긴 빚었다
종이접기였다

사각의 종이 틀에 들어가
차가운 물에 잠기며
떨어진 별똥별을 주어 따끈한 심장인 듯 만지작거렸다

무색, 무향의 겨울 풍경에 속은 뒤끝에

은하의 흐름보다 느리게 봄빛이 아주 멀리서 기웃거렸고
어느 때 연둣빛이 조금씩 울렁거렸다

벽들이 무너진다는 신호였다

겨울 한 데에다 내동댕이쳤던 그릇이 보였다

벽 3

벽이 신앙인 말들이 얼음지치기한다
협상 테이블이 은반인 줄 알아본 것이다

화려한 무대복을 입은 말들이 한 다리를 쳐들고 멋진 묘기를 부린다 자세히 보면 제 그림자가 밟힐까 봐 말들은 서로 멀어진다

듣는 귀들은 토라지고
금이 가기 시작하는 은반은
제 더러워진 눈을 도려내지 못할 만큼 눈부시지 않아서
축배에 올릴 말들을 거둬버렸다.

조명등을 컨 눈들이 지켜보는 협상 테이블이 인류 최대의 거리 두기라는 손가락질을 받는다 해도
네 개의 다리는 튼튼해서 고단한 말들을 지치지 않고 받든다

때 묻은 은빛이 녹아내리는 동안
은반 한가운데에서 심심한 꽃, 반쯤 상한 물고기 자세다

왜 꽃이 거기에? 라고 묻는 이는 없다
그 궁금증을 푼다면 오가는 말들이 꿈을 거래하는 심장으로 팔딱거리겠지

멀어지는 협상 테이블
따끈한 무릎이 닿을 기적은 어느 구석에도 보이지 않고
약 오른 과장법이 먹히는 일만 남았다

추운 새

공기 갈고 창 닫는데
매서운 공기가 창틀에 매달리는데

검은 배경이 된 나무들
무릎 담요 하나 걸치지 않은 팔 내주는데

거기, 여린 새 날개 접어
춥고 어둔 밤의 배경이 되는데

밤새 꽁꽁 얼까 봐 안타까운 시선을 보내도 얼음 자리는 그대로

잠도 꿈도 없는 고요한 뒤척임으로 날밤 불러오는

잠잠……

아침 햇살이,

죽었나 살았나 새의 심장 느껴보나

일생을 한데서 구르던 직립의 고단한 새 품어 보나

춥고 어두운 마음 한데서 지쳐버린 뜬눈 끌어안나

즐거운 공동묘지

나는 재미난 유령
산 자의 발걸음 소리에 두근두근 그가 가꾼 발자국들의 회오리에 춤을 추지 그래도 심심한 날에는 사랑의 뼈대를 점쳐 보지

추우면 구름 바지를 입고 더우면 시냇물에 풍덩 햇살의 궁궐까지 가기에는 너무 무거워 밑에서 자꾸 잡아당기는 건 산 자가 빠져 있는 질편한 바닥

산 자와 죽은 자 사이가 얼음 칸막이라는 걸 알지
산 자의 문은 닫힐 때만 요란해 이크 허술한 문이 슬며시 열리네 아침에 쇼펜하우어 낮에는 니체 밤에는 쇼펜하우어와 니체로 버무려진 그는 안개의 신분으로 돌아다니네 겨우 흔적만 남은 사랑의 뼈대를 남겨진 제 그림자라 여기지

불쾌한 숨이 그들먹한 산 자의 바닥이 보여
그는 뾰족한 바람에 짤랑거리며 세상을 얼음 칼날이라고 우기네 살아 있는 유령은 날로 늘어나 내 땅뙈기를 나누려 해 이리로 와 시든 발 비비고 함께 살아 우리가 바닥을 떠날 때까지

초록에 갇히다

한 번은 그가 마법의 거울 속으로 들어가 사각의 틀에서 붙어본 적이 있었다

근육을 부풀려 덤볐으나 판정패를 당했다 상대의 속임수가 심판의 눈을 멀게 했다고 그는 생각했다
새벽이면 누운 자리가 빨긋한 땀으로 젖는 한 줄짜리 삶의 흔적이었다

그는 혼자 밥을 키우는 법을 따라갔다 모종만 해놓은 밥은 그대로 말라 죽었다 다른 머리가 생긴 것은 그즈음, 허공을 재미나게 그리는 환幻의 장난감들로 따뜻해졌다

어느 날 사각의 틀이 초록색으로 입혀지자 굳은 표정의 빈칸으로 그는 끌려 들어갔다

이름은 먹물 스프레이로 뿌려졌고 나이는 하얀 털빛으로 내려앉았다 주소는 다시 돌아갈 수 없는 외계의 섬 출생지는 쓸쓸한 전생의 구름 띠였다 진단명, 병원 재원 기간과 상담 내용만 초록빛 서릿발로 내렸고 연락처는 곧 지워질 예감으로 빨간 립스틱을 칠했다

괄호 안의 비밀은 비밀도 아니었다 (거기서 죽- 살다 죽으라)
쌍무지개가 겹겹으로 뜬대도 달라질 게 없는 문서였다

무연고자를 낳는 정신 요양 시설, 초록이 매워
마법의 거울을 깨버리는, 초록이 무서워

죽기 전에 초록색 사각의 틀과 붙어보겠다는 그의 뜬구름
거기 머문 자가 그의 초록 피고름을 뱉어 냈다

빵 먹는 법

빵의 입 열린다

잘 부푼 빵 안의 기포들은
근수가 무거운 자의 달아날 구멍이다

무거움이 덜어지면
가벼운 고민
가벼운 불안
가벼운 싸움
가벼운 추락

잘 부푼 빵이 묻는다
지구보다 무거운 너의 중력을 어찌할 거냐

사뿐히
사막 너머
불구덩이 건너
극지 따돌리고
언제 봄을 태운 나비 되어 놀겠느냐

가벼운 꿍꿍이
가벼운 흔들림
가벼운 실랑이
가벼운 날림

발 디딘 곳이
잘 부푼 제 살 속의 대행진이면 좋겠다는 빵의 속삭임

우울 가街의 눈 소식

어딜 그렇게 종종걸음으로 빗길을 헤쳐 가니?

어딜 가는지 궁금해?
이 길 끝에는 검은 빗물을 토하는 조등이 걸려 있어 하루에 열두 번 죽는 사람을 반기지
근데 넌 누구야?

나는 사고 치려고 하늘에서 내려온 하얀 파편이야
찬찬히 봐 가만히 있어도 나는 움직이지 소곤소곤 뭉클거리지 네가 아주 뜸하게 빌리는 감동이라는 싱싱한 생물이지 나를 따라와

뼈도 없는 너를 따라가라고? 봐— 금방 녹고 있잖아

녹는 하나의 나는 녹지 않는 수많은 나야 내 뼈는 까만 발뒤꿈치가 부끄럽지 않은 너의 어릴 적이야 잊을 수 없을 거야 눈이 올 때 나를 보고 실실거렸던 일, 은빛 물고기들로 가득 채운 목선이 가슴에서 차오르던 일

그러고 보니 어릴 때 녹아 버린 네 **뼈**가 잡히네 이때까

지 무얼 따라 여기까지 온 건지…… 날 건드리지 않는 게 좋을 거야

  너는 별표를 모은 눈물 한 짐이구나 너와 나를 이으면 볼 만한 별자리가 생길 것 같아 흐느낌을 감춘 네게 발랄하고 품 너른 파편으로 박힐게

  빛 죽은 빗물 안으로 너는 그렇게 종종걸음으로 불려가고 쓸려가고 또 다른 너의 지금은 빛의 베리berry로 돌아가려 콧잔등이 시큰해지고
  바다으로의 끌림을 멈춘다면

음악 안에서 1

세상에는 무덤들
허공에는 오직 하나의 음악

별들의 악보
우주의 화음

별이 열리는 소리
빛을 부르는 소리
먼 은하가 당신의 부름에 답하는 소리며 우주가 나직이 들려주는 귀엣말입니다

싸우는 터지는 헐뜯는 삐걱거리는,
음계 하나 만들지 못하는 소리들이 통뼈로 굴러갈 때

세상을 지우고
사람을 지우고
음악의 심장만 남습니다

이 음악은 풀 수 없는 고등 수학이고 원시 셈법입니다
진화된 행성의 흔하디흔한 속삭임입니다

이 음악의 종착역은 묶음이 뜨거운 상상을 입어
영원히 울려 퍼질 당신의 가슴

벽이 된 집들 틈바구니에서
당신은 신의 눈물로 새 집을 짓습니다

음악의 피로 고단함을 씻습니다
세상에 둘도 없는 음악을 사랑하게 됩니다

음악 안에서 2

말의 꿈은 남을 위한 악기가 되는 거지만

어딜 보나 망가진 악기투성이

관악기가 부서진다
타악기가 찢어진다
현악기가 징징거린다

우아한 귀는 어디로 갔나

어제는 마구 망가졌고
오늘은 깨진 음계를 맞춘다

오늘은 침묵으로 표정을 감추고
내일은 새 악기를 사러 돌아다닐 것이다
어제의 맞춤복을 입고 말의 근육을 키울 것이다

   오선지 위에 얌전하게 내려앉는 초록 잎사귀들이 악몽에 시달리도록

음악 안에서 3

우리는 한 핏줄
나와 등을 돌리던 당신도 한 구정물이 되는 거지요

머릿속에서 두더지들이 굴을 팔 때에도

두 개의 해가 서로 다른 빛을 비추는 아침에도요

나무 강물 바다의 노래를 나눕니다
산과 돌멩이들의 소리 없는 노래도 듣습니다
우리가 그 음악의 결을 타는 동안

그 음악이 까막눈에게도 읽히는 동안

구정물 씻긴 물 흘러갑니다

정화된 골수 방울방울
낯가리지 않고 춤을 춥니다

그런 음악으로 천하를 통일합니다

은사시나무 마을 역

아직 오지 않는 흰 구름을 기다립니다
내가 타야 할 기차입니다
오기만 한다면 단숨에 그리로 갈 것이기에
구름의 발을 믿습니다

이곳은 별들의 무덤입니다
조각난 별들이 퍼즐처럼 맞춰 달라 보챕니다
제 자리로 가서 반짝이고 싶다 합니다

죄의 값보다 무서운 돈들이 무성하게 자라는
덤불 속에서 겨우 빠져나와
바람 한줄기 잠시 머무는 역에 이르렀습니다

하얗고 곧은 사람들이 사는 은사시나무 마을에서
흰 구름이 떠났다고 합니다
별의 눈이 되어 거기에서 만날 우리

겨우 흐림

비는 고백적이다 그래서 그녀가 가득하다

창밖에서 떠도는 헤아릴 수 없이 많은 그녀가 빨려 들어온다

스스로 거둔 죽음
들먹거리는 그 안자락

끓어오르는 하소연, 빗방울을 품어도 식지 않는다

꼭꼭 숨은 가해자의 눈에 머물 수 없어서
그녀는 종일 비의 되새김질에 안기고

비를 닮은 사람 하나 그녀를 받아 적는다

젖은 혼이 마르리라는
공허한 눈빛으로 간신히 비 그친
흐린 별장으로 초대한다

달빛 손수건 건네준다

멀어져 간 따뜻한 기억이거나
미래에 만날 아픔을 부르지 않는 우리라고

우리를 그리워하는 우리라고

아이스 아메리카노

말에 지쳐서 우리는 유리컵에 들어갔다

들어가 앉은 사각의 얼음들

서로의 까칠한 시선을 묻어버리고
허물을 덮고
못난 뒤통수를 어루만져 주었다

잠깐 나눈 얼음의 시간을
길게 산다는 착각으로

속이 다 드러나서 거짓을 말하지 않았다
말끔히 털려서 머리가 가벼웠다
쌉쌀한 향기와 우아한 갈색 분위기에 젖어 미운 놈도 예쁘게 보였다

우리가 녹을 때 눈물 따위 부르지 않았다

더위 먹은 말들과 거친 말들이 녹아내려
유쾌하게 장난치자는 놀이터였기에

한 물이 되어 나눈
아주 짧은 여정이었다

카페 밖을 나가면 녹지 않는 차디찬 사각의 얼음들

지구가 아이스 아메리카노를 담은 커다란 유리컵이면 좋겠다고 아쉬워하면서

해 설

'우리'라는 구원

차성환(시인, 육군사관학교 강의전담교수)

  양수덕 시인은 스스로 "나는 밤비의 행인// 침대에 누워 비 오는 하늘 길을 걷는 산책자// 누구도 못 말리는 헤픈 몽상가"(「밤의 축복」)라고 지칭한다. 그의 시는 일상적인 질서를 넘어선, 매혹적인 몽상으로 우리를 초대한다. 그가 몽상하기를 멈추지 않는 이유는 지금의 세계를 견딜 수 없기 때문이다. 우리가 살고 있는 지구는 어떠한가. "어느 먼 곳 아이들 총 맞고 검붉게 쏟아"(「전쟁놀이」)지고 어떤 청년은 "아무도 곁에 없기에 홀로 가는 그 먼 곳에" "질 나쁜 꿈을 덮으며/ 무연고자의 무덤 속에서 깨지 않는 잠"(「청년 시대 1」)에 빠져든다. 자본주의 문명은 전 지구적인 기후 이변을 불러일으켜 오고 급기야 "더워진 지구"는 "무너져버린 빙산" "속 바이러스"를 깨어나게 한다. 그러나 시인은 이 "다가올 무서운 계절"(「있으나 보이지 않는 1」) 앞에서 절망하지 않는다.

다른 '나'를 상상하고 또 다른 '너'를 꿈꾸고 지금과는 달라진 새로운 지구를 몽상하는 것이 시인의 임무라고 말한다.

지구상에 벌어지는 참혹함의 원인은 모두 각자의 '성'에 갇혀 있기 때문이다. '나' 혼자만의 견고한 성채 속에서 한 발자국도 나오려 하지 않기 때문이다. 우리는 '우리'를 잃어버렸다. 사랑과 연대라는 인류의 고귀한 가치는 사라져 버렸다. 따라서 시인은 '나'와 '너'가 연결된 '우리'를 만드는 몽상을 통해 새로운 희망에 가닿으려 한다. 이미 브레이크가 고장 나 미친 듯이 질주하는 문명의 기차를 멈출 수 있는 것은 오직 '우리'에 대한 믿음뿐이다. "싸우는 터지는 헐뜯는 삐걱거리는" 지구의 소음들, 그 틈바구니에서 "별들의 악보/ 우주의 화음"(「음악 안에서 1」)에 귀를 기울일 것을 요청한다. 거대한 우주의 빛나는 별들이 각자의 자리에서 빛을 뿜어내며 아름다운 별자리를 만들어 내듯이, '우리'는 보이지 않는 어떤 필연으로 이어진 존재들이다. 시인은 곧 "우리를 그리워하는 우리"(「겨우 흐림」)를 일깨우기 위해 시의 모험을 감행한다. 일상의 '우리'를 발견하고 '우리'에게 어떻게 사랑이 가능한지를 탐구한다.

> 햇빛 한 줄기의 노랑
> 안팎의 숨구멍을 벌리는 바람의 파랑
> 뿌리를 단단하게 할 갈변 없는 흙색
> 놓치지 않았다

목이 타는 줄도 몰랐다
야생성이 달아난 걸 웃어넘길 수도 있었다

물은 사랑의 언어야
당신이 주는 물을
투명하고 촉촉한 사랑이라며 간지럼도 탔다

그러다가 어느 날부터 시큰둥하게 물이 치워지고 있을 때
축 늘어진 내게서 가시가 솟아났다

외계로 달아난 당신은 표정이 망가진 암석들과 노느라 정신이 없었다
먼 복숭아밭에서의 달콤한 밀어가 들려올 때

발톱이 피나도록 뿌리를 움켜쥐고
햇빛과 바람의 눈치를 잡아
멍한 머리 헹구어 가며 목마름을 재워 두었다

마지막까지 살리는 건 영혼이 거두는 빛
말라가는 꿈인지 시들어가는 판타지인지의 베끼기가 시작되었다

-「꽃 화분의 입장」 전문

인간 이성 중심의 사유는 지구를 병들게 한다. 인간이 꽃을 자신의 소유물로만 바라본다면 꽃은 더 이상 하나의 생명일 수 없고 죽은 사물로 추락해버릴 것이다. 인간과 꽃은 과연 '우리'의 범주에 포함될 수 있는가. 시인은 말할 수 없는 "꽃"에게 목소리를 부여한다. 시인의 몽상은 일상 속 인간이 아닌 "꽃 화분의 입장"을 들어보는 데서 출발하는 것이다. 인간이 꽃 화분을 기르는 것은 꽃의 "야생성"을 길들이는 것이기도 하다. 서로 다른 종이 같이 살아가기 위해서는 각자가 가지고 있는 특수한 "야생성"을 일정 부분 포기해야 한다. 서로가 서로에게 길들여지는 일이 "사랑"이라고 말할 수 있다면, "꽃"에게 부어주는 "물은 사랑의 언어"가 된다. 그러나 즐거움도 잠시, 이 사랑의 돌봄이 금세 "시큰둥"해지고 소원해질 때, 작은 균열이 발생한다. '당신'은 '나'보다도 "외계"의 일에 더 관심을 가지고 '나'는 혼자 버려진 채 "발톱이 피나도록 뿌리를 움켜쥐고" "목마름"을 참아낸다. "외계로 달아난 당신"에 의해 '나'는 "말라가는 꿈"에 시달린다. '우리'는 사랑의 길들이기에 실패한 것일까.

우리 사이 탈이 넘쳐 굳어가는 것 투성이야 투정질도 딱딱하게 말라 가

달이 목구멍에서 차오르면
말들이 매끈매끈해질까 말랑거릴까

대화를 나누기 전이야 부드러운 것들은 미리 알아채지
소중한 느낌이란 때로 뒤통수를 맞는다는 것을

왜 그랬을까
어떤 물음은 속을 뒤집어도 볼 수가 없어

제 피와 살을 움켜쥔 채 되돌아나가지 않는 상처

당신은 뭉게구름이었고 어느 때는 뭉게구름을 도려내
는 칼이었던가 또 그 어느 때는 뭉게구름을 꽂아 두었던 꽃
병이었던가

상처의 윤회다

−「아프지 않다」 전문

  이 시에서의 '우리'는 어느 순간 서로 길들이고 돌보기를
포기한 것일까. 이들은 서로에게 "상처"를 줘도 아프지 않
은 무감각한 상태이다. 서로를 향해 부드럽고 예민한 감각
으로 다가가지 않고 "탈이 넘쳐 굳어가는 것 투성이"로 "투
정질로 딱딱하게 말라 가"는 중이다. "대화를 나누기 전"에
도 이미 "상처" 입은 마음은 좀처럼 열리지 않는다. "제 피
와 살을 움켜쥔 채 되돌아나가지 않는 상처"가 계속 몸속을
맴돌며 "윤회"하고 있다. '당신'은 "뭉게구름이었고 어느 때
는 뭉게구름을 도려내는 칼이었"다가 "뭉게구름을 꽂아 두

었던 꽃병"이 된다. '당신'은 소통불능의 종잡을 수 없는 존재로 상정된다. '우리'가 서로에게 "상처"만 주는 현실을 어떻게 극복할 수 있을까.

> 흙냄새에 발을 함께 묻었으니 우리라고 했다
> 같은 차원이 우리라고 우겼다
> 지구가 우리라는 탈바가지를 씌워 주었다
>
> 그렇게 우리는 단 하나의 든든한 우리가 되었지만
> 설명에 목매단 삼차원에서 굳어버린 입은 풀리지 않는다
>
> 벽이 먼저 찾아왔기에
> 벽이 기르는 숨은 없기에
>
> 누군가를 속속들이 안다는 깊이
> 말 못 할 그림자까지 들춰 본다는 달빛의 촉감
> 뒤편 어둠까지 읽어가는 촉촉한 시간
>
> 참 뜨악한 일이다
>
> 그리하여 멀어지고 떨어져 나간다
>
> 여기는 거기의 꽃을 피우지 못하고
> 거기는 여기의 뿌리를 나르지 못한다

흙냄새는 우리를 살리는 거름이 못 되었다
같은 차원이 널뛰기했다
지구가 씌워준 탈바가지가 버둥거렸다
                            −「있으나 보이지 않는 3」 전문

시집 『우리는 우리를 그리워한다』에서 '우리'는 연인일 수도 있고 인간을 포함한 지구의 모든 생명체를 함께 부르는 것일 수도 있겠다. 이 시는 "지구"가 지구 위에 사는 생명들에게 "우리라는 탈바가지를 씌워 주었다"는 흥미로운 얘기에서 출발한다. 지구라는 같은 곳의 "흙냄새에 발을 함께 묻었으니" '우리'라는 것이다. 처음에 "그렇게 우리는 단 하나의 든든한 우리가 되었지만" 어느 순간 이 지구 공동체에는 조금씩 균열이 찾아오게 된다. "벽이 먼저 찾아왔기" 때문이다. '우리'를 또 '우리'로 나누고, 나눈 '우리'를 또 '우리'로 구분하면서 "단 하나의 든든한 우리"였던 지구 공동체는 서로가 서로에게서 "멀어지고 떨어져 나간다". '우리'는 "거기"와 "여기"로 구분 지어지고 "거기의 꽃"과 "여기의 뿌리"는 서로 만나지 못하게 되는 것이다. "지구"의 "흙냄새는 우리를 살리는 거름"이 되어야 하지만 이제는 그 기능을 제대로 하지 못한다. 서로를 가로막는 "벽"이 '우리'라는 "지구가 씌워준 탈바가지"를 깨트렸기 때문이다.

'벽'은 관계의 소통을 막는 감옥이다. 사람들은 스스로 만들어 낸 벽의 성채에 갇혀서 걸어 나오지 않는다. "들어

갈 수 없는 성城"(「바닥 다지기 1」)에 둘러싸여 "이상하고 무서운 성城"(「바닥 다지기 3」)에 좌절하고 급기야 스스로 "성이 된 사람들"(「바닥 다지기 2」)의 모습은 끔찍하다. "자신을 벽과 벽 사이 눌어붙은 이물질이라고 생각"하는 사람들은 점점 "껍데기로 사는 법"(「바닥 다지기 6」)에 익숙해진다. 양수덕의 시는 이 벽을 허물고 '우리'가 "살아내야만 하는 이유"(「바닥 달래기 2」)를 찾는 모험이다. 의미로 사로잡히지 않는 언어의 형해形骸를 가로질러 도달하는 곳은 궁극적으로 '우리'라는 공동체이다. 대자연 속에서 각각의 생명이 하나의 객체로서 주어진 것이 아니라 함께 연결되고 연속되어 있다는 믿음을 다시 일깨워주는 것이다. 이러한 각성은 각박한 세상의 소음과는 달리 생명이 가진 본연의 심장을 뛰게 만드는 우주의 소리에서 비롯된다.

> 세상에는 무덤들
> 허공에는 오직 하나의 음악
>
> 별들의 악보
> 우주의 화음
>
> 별이 열리는 소리
> 빛을 부르는 소리
> 먼 은하가 당신의 부름에 답하는 소리며 우주가 나직이
> 들려주는 귀엣말입니다

싸우는 터지는 헐뜯는 삐걱거리는,
음계 하나 만들지 못하는 소리들이 통뼈로 굴러갈 때

세상을 지우고
사람을 지우고
음악의 심장만 남습니다

이 음악은 풀 수 없는 고등 수학이고 원시 셈법입니다
진화된 행성의 흔하디흔한 속삭임입니다

이 음악의 종착역은 묵음이 뜨거운 상상을 입어
영원히 울려 퍼질 당신의 가슴

벽이 된 집들 틈바구니에서
당신은 신의 눈물로 새 집을 짓습니다

음악의 피로 고단함을 씻습니다
세상에 둘도 없는 음악을 사랑하게 됩니다
　　　　　　　　　　　　　　　－「음악 안에서 1」 전문

　양수덕 시인이 바라보는 "세상"은 죽음으로 가득하다. "세상에는 무덤들" 천지이고 "싸우는 터지는 헐뜯는 삐걱거리는,/ 음계 하나 만들지 못하는 소리들"로 채워져 있다. "

사람"들은 각자의 고유한 음을 가지고 다른 이들과 함께 조화로운 화음을 내는 것이 아니라 상대의 음을 빼앗기 위해 싸우고 다툰다. 전쟁과 환경 파괴로 신음하는 지구의 생명을 돌아볼 여유를 갖지 못한다. 지구의 현 상황이 소음으로 가득 차 있다는 인식은 구원에 대한 사유로 나아간다. 지상의 소음과 혼돈과 다르게 저 "허공에는 오직 하나의 음악"이 있다. 시인은 우리에게 "별들의 악보"이자 "우주의 화음"에 귀 기울일 것을 요청한다. "먼 은하가 당신의 부름에 답하는 소리", 그 "우주가 나직이 들려주는 귀엣말"을 향해 몸을 활짝 열 것을 주문한다. 그러면 자본에 날뛰는 이 "세상"과 그 속에 사로잡힌 "사람"들이 내는 소음에서 해방되어 "우주"가 각 생명들에게 심어놓은 "음악의 심장"을 느낄 수 있게 된다. 아름다운 "우주의 화음"은 "당신의 가슴"에 가 닿아 "뜨거운 상상을 입어/ 영원히 울려 퍼질" 것이다. 우리는 우주라는 대자연의 소리에 귀 기울일 때 비로소 생명력을 회복할 수 있다.

> 아직 오지 않는 흰 구름을 기다립니다
> 내가 타야 할 기차입니다
> 오기만 한다면 단숨에 그리로 갈 것이기에
> 구름의 발을 믿습니다
>
> 이곳은 별들의 무덤입니다
> 조각난 별들이 퍼즐처럼 맞춰 달라 보챕니다

제 자리로 가서 반짝이고 싶다 합니다

　　죄의 값보다 무서운 돈들이 무성하게 자라는
　　덤불 속에서 겨우 빠져나와
　　바람 한 줄기 잠시 머무는 역에 이르렀습니다

　　하얗고 곧은 사람들이 사는 은사시나무 마을에서
　　흰 구름이 떠났다고 합니다
　　별의 눈이 되어 거기에서 만날 우리
　　　　　　　　　　　－「은사시나무 마을 역」 전문

　우리가 사는 현실은 "죄의 값보다 무서운 돈들이 무성하게 자라는" 중이다. "이곳은 별들의 무덤"으로, 어떠한 "우주의 화음"(「음악 안에서 1」)도 들을 수 없는 삭막한 곳이 되었다. 그러나 시인은 희망을 잃지 않고 "아직 오지 않는 흰 구름을 기다"린다고 말한다. '나'는 자신을 옥죄는 "덤불 속"을 헤쳐나와 "바람 한 줄기 잠시 머무는 역"에 당도한다. 바로 "흰 구름"이라는 "내가 타야 할 기차"를 기다리기 위함이다. "은사시나무 마을 역"은 자본의 논리에서 벗어난 "하얗고 곧은 사람들이 사는" 곳이다. 시인은 맑고 산뜻한 "흰 구름"에 대한 몽상을 통해 '우리'의 구원을 희망한다. 인간 생명의 가치를 뒤늦게 깨달은 이들이 모인, 이 "은사시나무 마을 역"에서 "우리"는 "별의 눈이 되어" 만나게 될 것이기 때문이다. 평화롭고 아름다운 "은사시나무 마을 역"에서 '우리'라는 공동체를 만날 생각을 하니 마음이 벌써 싱그럽다.

시인은 다른 시 「긴 비 3」에서 "시궁창이고 싸움터며 배부푼 벌레들 여기저기/ 긴 비가 떼를 쓰는 그저 그런 날 시궁창에서 반짝거리는 게 보였다/ 신기하게도 거기에 별이 박혀있다니"라고 노래하며 '별'의 이미지를 그려낸 바 있다. 지상은 시궁창과 싸움터로 바뀌었지만 그 시궁창에서 '별'을 발견하는 이 노래는 특별하다. 아마도 더러운 물이 고인 곳의 수면에 하늘의 별이 잠깐 비춘 순간을 포착한 것이리라. 그것은 별의 죽음처럼 보일 수도 있지만, 밤하늘에 뜬 별의 존재를 증거하는 단서이기도 하다. "죽은 별을 품고 아파하는 너를 비로소 만나게 되었다"(「긴 비 3」)는 시구도 이제 이해할 수 있다. 그렇기에 이 시궁창에서 '너'를 만나고 '우리'가 완성될 수 있는 것이 아닐까. 이 더러운 세상에 아직 '별'이 살아 있다는 믿음으로 만난 '우리'는 다시 태어날 수 있다. '나'와 '너'는 서로에게 벽을 세우고 스스로 지독하게 외롭게 만들었지만 구원의 '별'을 통해 다시 사랑하는 '우리'로 거듭날 수 있다.

양수덕은 숲과 별과 비의 시인이다. "자연의 푸른 핏줄 그대로, 가슴과 생활이 시였던 시인"(「그 숲」)이다. 그리고 "영혼의 옷 두툼하게 입고서" "살 녹고 짓무를 때까지/ 한 자루 촛불이 되어가는// 안이 치명적으로 붉은 사람"(「정다운 방」)이다. 자본을 우선하는 세상의 논리를 거부하고 참다운 공동체로서의 '우리'를 사유한다. 그는 소통불능의 시대에 '나'와 '너'를 이어주는 '우리'의 발견이 새로운 세상을 열어낼 수 있다고 믿는다. 시인은 '우리'라는 단어에서 숲의 푸릇함과 별의 반짝임과 비의 촉촉함을 발견한다. "넉넉하고 시끄럽지 않은 자연의 가슴 안"(「무명 시인」)에서 '우리'를 꿈꾼다. '우리'는 곧 '나'와 '너'가 함께 깃들 수 있는 언어의 둥지이다. 시집 『우리는 우리를 그리워한다』는 전쟁과 폭력과 부조리와 소통 부재와 환경 파괴로 치닫는 세상에서 '우리'라는 피난처를 위한 몽상이다. 이 시집을 펼치면 시인의 작은 목소리를 들을 수 있다. "너와 나를 이으면 볼만한 별자리가 생길 것 같아"(「우울 街의 눈 소식」). 시인은 너와 나를 이어 만든, '우리'라는 별자리를 꿈꾼다. 당신도 하나의 별이 되지 않겠는가. 우리는 우리를 그리워하는 방식을 통해서만이 '우리'를 구원할 수 있다.